¿Cómo puedo ayudar?
Para eso están los amigos ™

AYUDAR A UN AMIGO CON UN PROBLEMA DE DROGAS

Precious McKenzie

ROSEN
PUBLISHING

New York

Published in 2017 by The Rosen Publishing Group, Inc.
29 East 21st Street, New York, NY 10010

Library of Congress Cataloging-in-Publication Data

Names: McKenzie, Precious, 1975– author.
Alberto Jiménez: Traductor

Title: Ayudar a una amigo con un problema de drogas (Helping a friend with a drug problem)/ Precious McKenzie.
Description: New York : Rosen Publishing, 2017. | Series: How can i help?: Friends helping friends | Includes bibliographical references and index.
Identifiers: ISBN 9781499466164 (library bound) | ISBN 9781499466140 (pbk.) | ISBN 9781499466157 (6-pack)
Subjects: LCSH: Drug abuse—Juvenile literature. | Drug addiction—Juvenile literature.
Classification: LCC HV5809.5 .M35 2017 | DDC 362.29/18—dc23

Manufactured in the United States of America

CONTENIDO

INTRODUCCIÓN

Es fin de semana, tiempo de olvidarse de las clases, de pasarlo bien, de relajarse. Tu amigo te invita a una fiesta en una casa. En cuanto llegas, comienzas a divertirte, conversar y disfrutar de la música. Entonces ves que hay gente fumando marihuana. Te la ofrecen, y a tu amigo también. Tú la rechazas, pero tu amigo no, y fuma. Su comportamiento cambia enseguida; al poco rato, lo que quieres es sacarle de allí.

En 2014, una encuesta puso de manifiesto que casi el 20% de los adolescentes había fumado marihuana en algún momento durante sus años en la escuela secundaria. En 2012, el 40% de los alumnos del último año de secundaria afirmó haber consumido al menos un tipo de droga. A pesar de eso, el consumo de drogas entre adolescentes es inferior al de hace veinte años. En concreto, entre los alumnos de secundaria el consumo de alcohol ha disminuido. De acuerdo al informe de 2015 de Monitoring the Future Study, un 58% de los alumnos del último curso de secundaria había tomado alcohol, mientras que un 34% había fumado marihuana. El estudio determinó que el uso de marihuana se mantenía estable entre los alumnos de secundaria.

Aunque el consumo de tóxicos ha disminuido, los adolescentes siguen siendo muy propensos al abuso de sustancias extremadamente peligrosas. De hecho, si alguien consume drogas en la adolescencia, tiene más posibilidades de convertirse en adicto al llegar a la edad adulta.

Pese al ejemplo anterior, el consumo no solo tiene lugar en las fiestas. Las drogas circulan libremente por las escuelas y los barrios, y a velocidad alarmante. Por ejemplo, un artículo del *Huffington Post* expone que el 60% de los alumnos de secundaria

En esta foto puedes ver muchos tipos de drogas y sustancias controladas, y varias formas de consumirlas.

considera que sus lugares de estudio son un «foco de drogas» y casi el 17% afirma haberlas tomado de día. Según un estudio de 2012 del National Center on Addiction and Substance Abuse de la Universidad de Columbia, el 44% de los alumnos conoce a alguien que vende drogas. La mayoría de los encuestados dijeron que la más vendida en la escuela es la marihuana (91%), seguida de medicamentos con receta (24%), cocaína (9%) y éxtasis (7%).

Es más que probable que en la adolescencia alguien te ofrezca drogas o se las ofrezca a tus amigos. Si un amigo o amiga llega a tener un problema con ellas, hay ciertos pasos que puedes dar para reconocerlo. También hay formas de enfrentarse a la situación y equipos de profesionales deseosos de ayudar.

CAPÍTULO 1

¿QUÉ ES LA ADICCIÓN?

Es corriente que en la adolescencia se experimente con tabaco, alcohol, marihuana y otras drogas. Probarlas una vez y no volver a consumirlas no es una adicción.

Pero cualquier consumo recreativo de drogas —aunque sea como experimento— puede ser mortal. Y aunque los experimentos no causen la muerte, quien los realiza demasiado a menudo corre el riesgo de convertirse en usuario ocasional o incluso en *adicto*. Si un amigo o amiga se vuelve toxicómano (o drogadicto), es bueno que sepas qué hacer y cuándo involucrarte para pedir ayuda. Por eso es importante que conozcas la diferencia entre consumo ocasional, adicción y dependencia.

DEFINIR LA ADICCIÓN

El consumo ocasional consiste en utilizar drogas sin ser prescritas o para uso recreativo, pero sin abusar de ellas, ya que se puede controlar el deseo de tomarlas. Se denomina *abuso de sustancias* al uso recreativo que excede los límites del propósito de una droga legal o a cualquier uso ilegal de una droga.

La adicción es otra forma de uso recreativo, pero sin el autocontrol del usuario ocasional. De todas formas, aunque el usuario piense que controla su consumo, nunca se insistirá lo suficiente en que el uso ocasional puede desembocar en adicción. De forma similar, la dependencia consiste en que las funciones neurológicas del drogadicto no son normales sin la sustancia. La diferencia estriba en el autocontrol (presente en el uso ocasional y quizá presente en la dependencia) y la falta de control (clave en la adicción y quizá presente en la dependencia).

El intenso deseo de consumir la droga cuando uno la deja es la piedra fundamental de la adicción. Se hace muy difícil concentrarse en otra cosa.

La adicción es grave, tanto que se considera una enfermedad. En concreto, una enfermedad obsesiva. El adicto está convencido de que no puede vivir sin la sustancia, y esto se confirma cuando se enfrenta a la *abstinencia*. Entonces, siente tal desesperación que su comportamiento sufre cambios muy negativos.

En la adicción, la dependencia física va unida a la psicológica. La primera consiste en que el cuerpo reacciona mal si carece del tóxico o droga, aunque el cuerpo en sí consuma poca o ninguna cantidad. En el cerebro humano, los neurotransmisores envían mensajes a través de sustancias químicas para que atraviesen las sinapsis entre neuronas. Cuando alguien toma drogas, las sustancias químicas de estas interactúan con los neurotransmisores y alteran la forma de sentirse, moverse, ver y oír. La medida de la tolerancia ayuda a definir la intensidad de la dependencia física e indica los niveles de droga que el cuerpo necesita para sentir sus efectos. Con el tiempo, el cuerpo desarrolla tolerancia al tóxico, por lo que precisa mayor cantidad para obtener placer o aliviar el dolor. Esto provoca un incremento de la dependencia física, ya que una tolerancia alta indica una perturbación prolongada de los procesos neurológicos que solo el tóxico puede equilibrar.

La adicción psicológica se presenta cuando las sustancias químicas de las drogas alteran tanto el estado mental que el consumo se sitúa por encima de todo lo demás. Una vez que el efecto del tóxico o droga pasa, se necesitan más dosis para volver a sentirlo. Por supuesto, este deseo se manifiesta con el deseo de obtener el tóxico o el dinero necesario para comprarlo. Un toxicómano o drogadicto especialmente desesperado actuará sin tener en cuenta las consecuencias de sus actos, y quizá sin tratar siquiera de disimularlos, con tal de volver a drogarse.

Cuando el cuerpo no consume la droga suficiente, se presenta el llamado *síndrome de abstinencia física y psicológica*. Este síndrome, que oscila de leve a grave, está en función del grado de dependencia del tóxico, y se debe en parte a que el adicto se está readaptando al cambio de las sustancias químicas de su cerebro. Entre otros síntomas se pueden sufrir temblores, depresión, ansiedad, palpitaciones, sudoración excesiva, náuseas, diarrea y cefaleas (dolores de cabeza). Los síntomas más graves incluyen convulsiones, alucinaciones, ataques cardíacos y accidentes cerebrovasculares (ictus, embolias).

RECONOCER LOS SIGNOS DE ADICCIÓN

Los adolescentes que son buenos amigos tienen más posibilidades de reconocer los signos de que algo no va bien.

Descubrir los signos de adicción o de abuso no es tarea fácil. Algunos adictos altamente funcionales los ocultan tan bien que nadie es capaz de descubrirlos. Sin embargo, a menudo, tanto la adicción como el abuso de sustancias provocan cambios en el comportamiento, así que si tu amigo o amiga empieza a actuar de forma diferente, esa es una señal. Un cambio que solo dure un día puede deberse a otros factores, pero dejar de interesarse por las amistades, las notas, las actividades o las aficiones suele indicar un problema con las drogas. ¿Tu amigo o amiga parece sufrir depresión? ¿No va a clase? ¿Sale con un grupo distinto?

Muchos cambios drásticos de este tipo son signos claros de adicción.

ALCOHOL

El consumo excesivo de alcohol es uno de los problemas más comunes entre adolescentes, y también de los más mortales. El alcohol afecta a la coordinación y la memoria. Los bebedores afirman que se sienten relajados o incluso somnolientos. El alcohol ralentiza los reflejos y el funcionamiento cerebral, disminuye el juicio y la coordinación. Anualmente, miles de adolescentes acaban muertos o heridos por accidentes relacionados con el consumo de bebidas alcohólicas.

El contenido de alcohol varía según la bebida. El de la cerveza oscila entre el 3 y el 10% y el del *whisky* entre el 40 y el 50%. Es evidente que hace falta menos *whisky* para emborracharse, pero no es mejor beber vino o cerveza que otro tipo de bebidas alcohólicas.

Entre el consumo social y la adicción hay diferencias. El adicto o dependiente bebe grandes cantidades y es incapaz de reducir o abandonar el consumo. Además, tiene tendencia a los comportamientos de riesgo, como practicar sexo sin protección con múltiples parejas. El dependiente suele beber y conducir, poniendo en peligro su vida y la de otros. Pero estos son riesgos comunes a muchos tipos de abusos y adicciones.

MARIHUANA

Tras el alcohol, la marihuana es la droga más consumida por los adolescentes. El Washington State Healthy Youth Study

Este es el aspecto del spice, o marihuana sintética, antes de picarla para su venta. Como la marihuana, el spice también se fuma.

de 2012 establece que el 19% de los alumnos de grado décimo y el 27% de los de grado decimosegundo la fuman. En todo Estados Unidos, el 45% de los adolescentes afirmaba haberla probado al menos una vez, según el 2012 Monitoring the Future (MTF) Study.

Se sabe que la marihuana causa trastornos cognitivos (atención, memoria, procesamiento de información), así como de equilibrio y coordinación. También se relaciona con la falta de asistencia a clase y el mal rendimiento académico.

Si tu amigo o amiga la consume habitualmente, reaccionará con lentitud, parecerá atontado o actuará de forma paranoica. Será olvidadizo y tendrá mala memoria. Hay otros signos característicos, como ojos enrojecidos, comportamiento torpe, risitas incontrolables, somnolencia e ingestión compulsiva de comida a deshora. Además, la marihuana tiene un olor peculiar. Los agentes de policía lo describen como más dulzón y apestoso que el tabaco. Si descubres que tu amigo huele así, puede que fume marihuana.

Otra droga asociada a la marihuana es el *spice*, una mezcla de materia vegetal triturada y sustancias químicas. También se conoce como *K2, bliss, fuego de Yucatán, genie* y *Bombay Blue.* Los vendedores de drogas la etiquetan como *marihuana sintética*, pese a que no contiene marihuana. De hecho, el *spice* es mucho más fuerte. También afirman que es natural, pero no es verdad: está llena de sustancias químicas de factura humana, una mezcla que provoca efectos impredecibles y muy peligrosos.

Además de la sensación de relax (*high*) que se siente con la marihuana, el *spice* suele ir acompañado de síntomas graves y muy evidentes: vómitos, alucinaciones, visión borrosa, convulsiones e incluso parada cardíaca. Si tu amigo o amiga está drogado, tendrá los ojos enrojecidos y mostrará alguno (o varios) de los síntomas siguientes: paranoia, ataques de pánico, agresividad, incapacidad para hablar, pérdida del conocimiento, sensación de entumecimiento u hormigueos y palpitaciones muy fuertes. Otra forma de reconocer su consumo es buscar los síntomas de abstinencia. Entre los más visibles se cuentan sudoración copiosa, episodios psicóticos, indiferencia a las consecuencias de sus acciones, pérdida de apetito y ausencia de motivación.

Además, el afectado afirma a veces que quiere suicidarse o que está deprimido.

Otra droga asociada a la marihuana es el aceite de hachís (BHO). A diferencia de la marihuana sintética, el BHO sí es un derivado de la marihuana. Los consumidores ponen una pequeña cantidad de BHO sobre una superficie metálica caliente e inhalan el humo. El BHO es mucho más potente que la marihuana y suele dejar inconsciente al consumidor.

Sus síntomas se relacionan con el bloqueo físico: falta de concentración, disminución de la coordinación y el juicio, lentitud de habla y dificultad para comunicarse o pensar con claridad. Además, suele provocar somnolencia, desmemoria a corto plazo y disminución de las inhibiciones. Los signos físicos incluyen ingestión frecuente y compulsiva de comida fuera de horas, ojos rojos y boca seca.

INHALANTES

Cualquiera puede comprar inhalantes, basta con entrar en un supermercado. Los inhalantes son productos químicos que se aspiran para sentir euforia o exaltación. Hay más de mil productos que, usados de forma indebida, se consideran inhalantes: pegamentos, rotuladores, pinturas en espray, quitaesmaltes y lacas para el pelo son algunos de los que a largo plazo causan daños cerebrales y nerviosos, tos, dificultad respiratoria y coloración azulada de brazos y piernas.

Como la marihuana, los inhalantes producen somnolencia y lentitud de reflejos. Son además causa de mareos, debilidad muscular, convulsiones y pérdida del conocimiento. El abuso es más difícil de detectar, ya que se tiende a consumirlos a solas y a escondidas.

Los signos de consumo excesivo son fáciles de reconocer, aunque no estés seguro de que tu amigo o amiga sea un adicto. Si se queja de fuertes cefaleas (dolores de cabeza), le tiemblan las manos, tose a menudo, tiene náuseas o actúa con ansiedad o agitación, puede estar utilizándolos para sentirse eufórico. Otros usuarios presentan llagas alrededor de la boca, así como ojos enrojecidos o llorosos, debido a la inhalación de vapores tóxicos.

COCAÍNA Y CRACK

La cocaína proviene de las hojas de la planta de coca, que se cultiva en Sudamérica. En su forma pura es un polvo de color blanco. Los usuarios la esnifan o aspiran. El *crack*, por otra parte, es una forma de cocaína que se presenta en forma de grandes cristales de color blanco o amarillo rosado.

Ambas drogas son extremadamente adictivas. Con independencia de su forma, la cocaína es un estimulante que inunda el cerebro de dopamina, lo que provoca euforia y aumento de energía. Estas drogas aceleran el sistema corporal, lo que incluye el aumento de la tensión sanguínea y del ritmo cardíaco. Los consumidores suelen desarrollar tolerancia, por lo que necesitan dosis cada vez mayores y más frecuentes para sentir los mismos efectos.

Quienes utilizan estas drogas son hiperactivos y habladores, pero también sufren temblores, entumecimiento, ansiedad y paranoia. Su uso incrementa las posibilidades de sufrir ictus (embolias), infartos, alucinaciones, convulsiones, fallo cardíaco y parada respiratoria con resultado de muerte.

HEROÍNA Y OPIÁCEOS

La heroína y los opiáceos provienen de otra planta: la adormidera. Son calmantes muy fuertes. Quien depende de ellos debe tomarlos cada ocho a doce horas para evitar un síndrome de abstinencia grave. Un opiáceo y la heroína llegan a costarle al consumidor más de 200 dólares diarios.

Según un artículo de 2013 publicado en *Teen Vogue*, «Cómo invade la heroína las escuelas de Estados Unidos», la heroína, que una vez fue el tóxico inyectable de elección en las zonas urbanas empobrecidas, se ha convertido en píldoras asequibles y se ha extendido por los suburbios.

Las drogas de venta con receta se han convertido en las más populares de Estados Unidos. A menudo son una puerta para el consumo de heroína.

Los consumidores abren la píldora y la aspiran. La mayoría de la gente enganchada a la heroína había desarrollado primero dependencia hacia determinados analgésicos de venta con receta, como Oxy-Contin, Vicodin, Percocet o Fentanil. Con el creciente coste de los opiáceos ilegales, sus usuarios recurrieron a la heroína en píldoras, más barata, para conseguir los mismos efectos.

Hacia 2002, apareció en Rusia una droga nueva: el llamado *krokodil* o *desomorfina*, una mezcla mortal de codeína, disolvente de pintura, gasolina y ácido clorhídrico, entre otros ingredientes. Se inyecta en vena, como la heroína.

Toma su nombre de la piel verdosa y escamosa que provoca en quien la consume: como si fuera piel de cocodrilo; esta piel acaba por desprenderse y dejar el hueso al aire. Su consumo causa además abscesos cutáneos, gangrena y amputaciones. Es tan adictiva que los usuarios necesitan inyectarse cada noventa minutos. Los médicos declaran que la abstinencia es muy dolorosa y la recuperación, una de las más difíciles que conocen.

Las fuerzas del orden la han visto extenderse por todo Estados Unidos. En 2011 la policía confiscó sesenta y cinco millones de dosis en el primer trimestre del año.

El abuso de heroína y opiáceos conlleva signos reveladores para la familia y los amigos. Los más corrientes son picores, náuseas, piel enrojecida y vómitos. Además, el usuario no va a clase, necesita dinero continuamente y abandona la higiene personal.

ANFETAMINAS Y METANFETAMINAS

Aunque una vez se utilizaron exclusivamente para fines

CONSECUENCIAS IMPREVISIBLES

La adicción a los opiáceos es cada vez más común en Estados Unidos. Según la revista *Rolling Stone*, desde 2002 las muertes por su consumo se han triplicado. A menudo, los médicos recetan OxyContin, Vicodin, Percocet y Fentanil, sobre todo tras una operación quirúrgica o una lesión, ya que mitigan el dolor. Sin embargo, tales fármacos provocan rápidamente dependencia.

El músico Macklemore habló sin reservas de su pasada adicción a los opiáceos; tuvo la suerte de conseguir tratamiento, pero perdió un buen amigo debido a una sobredosis. Macklemore trabaja actualmente con el Presidente Obama para pedirle al Congreso que aumente las regulaciones sobre las recetas de opiáceos y se incrementen los fondos para poder abrir nuevos centros de desintoxicación, a fin de que más gente reciba el tratamiento que necesita.

médicos, los adolescentes, los jóvenes y algunos adultos consumen anfetaminas y metanfetaminas desde hace años para divertirse o mejorar su rendimiento.

Las anfetaminas son fármacos que mantienen al usuario despierto y alerta. Los médicos las recetan para la *narcolepsia* o enfermedad del sueño. En el pasado, los militares se las daban a los pilotos de combate para incrementar su sentido de alerta. Ahora se prescriben para el THDA (trastorno de hiperactividad con déficit de atención), con el nombre de Adderall. Además de este uso, los atletas y los estudiantes las obtienen de forma ilegal y rápidamente se vuelven adictos. Como, por otra parte, el Adderall reduce el apetito, se toma también para perder peso.

Su consumo se reconoce por algunos signos típicos, como hostilidad o paranoia y pérdida de apetito. Entre otros síntomas notables se encuentran: pupilas dilatadas, intensa euforia, respiración agitada y superficial, náuseas, alucinaciones y convulsiones.

La metanfetamina se ha extendido rápidamente por Estados Unidos alcanzando incluso pequeñas localidades rurales. Se trata de un estimulante sumamente adictivo fabricado con ingredientes tan mortíferos como anticongelante y ácido de batería. Se presenta en distintas formas, normalmente en polvo o troceada, pero también en píldoras. Suele ser de color blanco o amarillo, aunque también la hay verde o marrón.

La gente la consume por el efecto rápido y singular que al parecer solo ella produce. A diferencia de la anfetamina, y pese a la similitud de su impacto y de su composición, la metanfetamina se considera una droga exclusivamente recreativa.

Para saber si un amigo o amiga la toma, busca estos síntomas: estado de alerta exagerado, aumento de la confianza, deseo sexual intenso, fantasías de indestructibilidad, euforia y energía desaforada. El efecto dura de ocho a quince horas. El usuario ansía su dosis; quien consume durante el fin de semana pasará días enteros sin dormir, tras lo cual se derrumbará y se mostrará exhausto, irritable, ansioso, deprimido, incluso violento o paranoico. Puede sufrir alucinaciones visuales o auditivas, o rascarse continuamente debido a que siente picazón en la piel. La *meta* provoca, además, pérdida de memoria, daño cerebral, hepático y pulmonar, insomnio y convulsiones. El usuario pronto se convierte en adicto y deja de pensar en todo lo que no sea la droga, lo que incluye amigos, familiares, estudios y aficiones. Lo único que quiere es tomarla una y otra vez. Si observas en tu amigo o amiga cualquiera de estos síntomas, no esperes: busca ayuda antes de que le resulte letal.

ALUCINÓGENOS

Como todos los tóxicos ilegales, los alucinógenos contienen sustancias químicas psicoactivas que provocan sensaciones extrañas, alucinaciones y sueños estrafalarios. El usuario ve colores muy vivos, y sus sentidos del gusto y del oído se agudizan como nunca.

Algunos alucinógenos provienen de plantas, como la mescalina y la psilocibina. Otros se fabrican en un laboratorio o en el garaje de un traficante. El LSD, la ketamina y el éxtasis son sustancias fabricadas, no naturales. Todos son peligrosos debido a los intensos viajes que causan. Tomados en grandes cantidades, producen dificultades respiratorias e incluso la muerte.

¿Cómo puedes saber si tu amigo o amiga ha tomado alucinógenos? Tendrá las pupilas dilatadas, palpitaciones y carne de gallina, y sudará profusamente. El signo más significatico es que padezca alucinaciones.

LE PUEDE PASAR A CUALQUIERA

A pesar de las leyes y de las prácticas protectoras comunes, las drogas y la adicción son problemas tan multifacéticos que hasta los bebés pueden llegar a ser víctimas. Si una embarazada es adicta, es probable que su hijo desarrolle dependencia. En estas circunstancias, el bebé estará a merced de quienes puedan reconocer el dañino, o incluso mortal, síndrome de abstinencia. Por desgracia, en muchos casos, los niños que crecen en ambientes poco saludables consumen muy pronto drogas voluntaria o inadvertidamente, poniéndose en el mismo peligro que corre el indefenso bebé.

Los adultos se ven expuestos a las drogas en contextos similares a los de los adolescentes: por influencia de amigos, en reuniones como fiestas o conciertos, o por su propio empeño en hacerse con la sustancia elegida. Sin embargo, una vez que la adicción empieza, se manifiesta de forma distinta en los dos grupos de edades, ya que el adulto tiene otras presiones y otros intereses. Su adicción suele conllevar dificultades financieras, acarrear la pérdida de trabajo y llegar incluso a convertirle en un «sin techo». Dar positivo en un test antidroga tiene consecuencias graves, como quedarse sin trabajo. El adolescente, por su parte, suele perder la relación con su ambiente social. Peor aún: tanto los adolescentes como los niños corren mayor riesgo de adicción porque sus cerebros están desarrollándose y son, por ello, más maleables.

MITOS y HECHOS

MITO: Solo las drogas ilegales, como la cocaína o la metanfetamina, son adictivas.

HECHO: Las drogas no tienen que ser ilegales para ser adictivas. El alcohol, el tabaco y los medicamentos con receta pueden ser tan adictivos como las drogas ilegales, y tan mortíferos como ellas.

MITO: Solo la gente que siente aburrimiento o se siente deprimida consume drogas.

HECHO: Aunque el estrés y la falta de ocupación son factores influyentes, no es necesario estar deprimido ni aburrido para consumir drogas. La gente experimenta con ellas por múltiples razones. Unas veces se consumen por elección propia y otras por influencia de una segunda persona.

MITO: Después de completar el tratamiento, el problema con las drogas no vuelve a presentarse.

HECHO: Las personas se enfrentan a su adicción de muchas formas distintas. Dependiendo del tóxico y de la gravedad del problema, algunas pueden permanecer limpias y sobrias durante el resto de su vida. Otras vuelven a usar drogas y precisan sesiones de terapia adicionales.

CAPÍTULO 2

¿POR QUÉ CONSUMEN DROGAS LOS AMIGOS?

La gente recurre a las drogas por distintas razones. Algunas tienen que ver con el entorno y otras con fuerzas internas. Ser consciente de las circunstancias vitales de tu amigo o amiga te ayudará a entender que la adicción no ocurre porque sí, sino debido a una serie de factores que deberían, una vez identificados, reconducirse por una dirección más saludable.

RAZONES SOCIALES

Cuando un adolescente empieza a conocerse, debe enfrentarse a situaciones sociales para las que no necesariamente está preparado. La secundaria o incluso la escuela intermedia son lugares donde, además de aprender las lecciones académicas de los profesores, se aprende a interactuar con los compañeros. Por desgracia, son también los lugares en los que los adolescentes se ven expuestos a las drogas. A continuación, se indican ciertas razones por las que algunos no dicen «no» a las drogas.

EXPERIMENTACIÓN

Algunos de tus amigos querrán probar algo distinto, así que

A menudo, se les ofrecen drogas a los adolescentes en los festivales de música. Aquí, por ejemplo, podría haber gente vendiéndolas.

tomarán drogas para ver qué pasa. Tu amigo o amiga puede ver a un grupo de gente drogándose en una fiesta y pensar que parece divertido. Entonces se unirá a la actividad de probar la sustancia por primera vez. Tal situación puede degenerar en una trágica urgencia médica o en una adicción en toda regla.

O quizá un traficante le ofrezca una muestra de un tóxico, posiblemente un cigarrillo de marihuana. Dar muestras de tóxicos a posibles clientes es un modo fácil y efectivo de conseguir que se enganchen; se trata de un fenómeno llamado *embaucamiento con drogas de entrada*. Si después de probarla tu amigo o amiga quiere más, se la comprará regularmente al mismo traficante. La espiral adictiva es de tal calibre que

CÓMO PROTEGER A TUS AMIGOS Y PROTEGERTE A TI

Las drogas ilegales suelen ser inodoras e insípidas. Simplemente mirando una copa es imposible saber que le han echado éxtasis. Puede que no se tuviera ni intención de probarla, pero, sin querer, se ha ingerido una sustancia ilegal. Si manipulan una bebida, quien la bebe se convierte en la víctima ideal de un delito. La pueden violar, agredir o robar, porque ha perdido la capacidad de sentir. Un sondeo reciente entre 150,000 alumnos de veintisiete universidades confirma la relación entre el consumo de drogas o alcohol y las agresiones sexuales. El 23% de las alumnas afirmaron haber tenido relaciones sexuales no consentidas después del consumo. Muchas de ellas conocían a su agresor. Otras encuestas nacionales afirman que una de cada cinco jóvenes ha sufrido una agresión sexual o una violación tras consumir drogas. En general, las sustancias tóxicas disminuyen los niveles de conciencia, y esto hace que los usuarios corran un grave peligro.

Sin embargo, hay formas en que tú y tus amigos pueden protegerse.

Consejos:
- Bebe poco alcohol o nada.
- No aceptes bebidas de desconocidos.
- Mantén siempre tu copa en la mano y no la dejes sin vigilancia.
- No tomes bebidas servidas en vasos o copas comunes.
- Si tu bebida te resulta salada o amarga o tiene un gusto raro, no la bebas.

aunque el afectado se considere un usuario ocasional, buscará formas distintas y más intensas de drogarse. Cada vez querrá sensaciones más fuertes, y comprará sustancias más caras y más adictivas, como la metanfetamina.

PRESIÓN DE LOS PARES

Los adolescentes pasan mucho tiempo con los amigos. De hecho, ellos son el único grupo social importante en el instituto, más que la familia. A esta edad, probarán cualquier cosa y harán lo que sea para encajar en el grupo.

Si alguien quiere encajar en un grupo que toma drogas, es probable que le empujen a probarlas. Si además tiene poca confianza en sí mismo o baja autoestima, no dudará en hacerlo si un grupo dominante y popular le presiona. También se enfrentará a la coacción de los traficantes, porque los chicos con poca confianza en sí mismos son blancos fáciles.

RAZONES PSICOLÓGICAS

A veces, además de las influencias sociales, los adolescentes se ven sometidos a tensiones que les empujan a evadirse. Las siguientes son algunas de las situaciones que pueden incitarles a buscar consuelo en las drogas.

DEPRESIÓN, SOLEDAD, ABURRIMIENTO

Aunque hay otros trastornos psicológicos que pueden empujar al consumo abusivo de drogas, el más frecuente es la depresión, ya que el afectado busca la manera de sentirse mejor. Entonces recurre a tóxicos como el *speed* para sentirse eufórico, aunque sea por poco tiempo, o a analgésicos con receta adquiridos ilegalmente, como los opiáceos, para enmascarar su malestar.

En la adolescencia, es especialmente difícil enfrentarse a la soledad o al aburrimiento, ya que se siente el impulso de socialización y de hacer amistades, de sentir que se pertenece a un grupo. Si alguien que conoces se siente excluido o se aburre con frecuencia, es posible que recurra a las drogas para aliviar el dolor de la soledad o simplemente para pasar el rato.

MÁXIMO RENDIMIENTO

Los alumnos destacados corren el mismo riesgo de abusar de las drogas. El riesgo procede de la curiosidad por saber si un atleta o un estudiante es capaz de mejorar sus resultados o, en el caso de los atletas, por creer que otros les llevan ventaja porque utilizan drogas. Las anfetaminas, los esteroides y los mejoradores del rendimiento incrementan las funciones corporales y hacen que el usuario se sienta más fuerte y motivado.

De forma análoga, la adquisición ilegal de medicamentos para el TDA (trastorno por déficit de atención) entre estudiantes universitarios de Estados Unidos va en aumento desde 2006. La razón es que los alumnos están obligados a sacar buenas notas y a entregar los proyectos en el plazo establecido. Estos fármacos aumentan su energía y su motivación.

Los atletas y los bailarines también recurren a las anfetaminas y a otros mejoradores del rendimiento para estar en lo más alto. Las bailarinas de *ballet*, a quienes se exige agilidad y delgadez, suelen tomar píldoras para adelgazar, *speed* y anfeta-

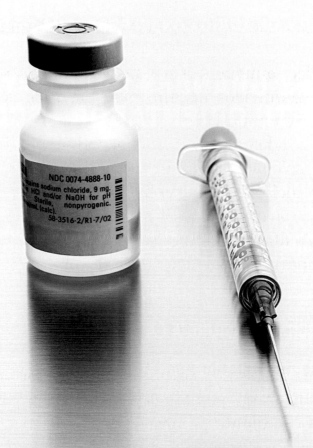

Las drogas que mejoran el rendimiento, como los esteroides, están prohibidas en muchos eventos deportivos. Cuando se confirma que un atleta las usa, se le impide competir en las ligas deportivas.

minas, a fin de mantener el peso. También los que practican la lucha o el boxeo pueden consumir anfetaminas para mantener un peso determinado con vistas a la competición. Los directores de las escuelas, conocedores de lo tentador de estas sustancias, realizan pruebas antidopaje en las ligas de alta competición.

DIEZ GRANDES PREGUNTAS PARA TU ORIENTADOR ESCOLAR

1 ¿CUÁL ES LA DIFERENCIA ENTRE CONSUMO OCASIONAL Y ADICCIÓN?

2 ¿CÓMO PUEDO SABER SI UN AMIGO O AMIGA TIENE UN PROBLEMA DE DROGAS?

3 ¿DEBERÍA HABLAR CON SUS PADRES?

4 ¿DEBERÍA RECURRIR A LA POLICÍA?

5 ¿QUÉ PUEDO HACER PARA QUE DEJE DE CONSUMIRLAS?

6 ¿QUÉ HACE LA ESCUELA PARA COMBATIR LAS DROGAS ILEGALES?

7 ¿CON QUÉ RECURSOS COMUNITARIOS CUENTO PARA AYUDAR A MI AMIGO O AMIGA?

8 ¿QUÉ TIPOS DE TERAPIA O DE ASESORAMIENTO HAY?

9 ¿CÓMO EVITO QUE MI AMIGO O AMIGA CONSUMA DROGAS?

10 ¿DÓNDE ME PUEDEN AYUDAR MIENTRAS ÉL O ELLA SE ENFRENTA A SU PROBLEMA?

CAPÍTULO 3

¿CÓMO ME ENFRENTO A UN PROBLEMA DE DROGAS?

Si descubres que un amigo o amiga tiene un problema de drogas y quieras ayudar, lo primero es hacerle reconocer que tiene el problema. Cuando todos sean conscientes del asunto, les será más fácil trazar un plan para resolverlo.

Hay pasos que tú y tu amiga pueden dar para luchar juntas contra su problema de drogas. Tú puedes darle apoyo y consolarla.

RECONOCER EL PROBLEMA

Un problema con las drogas puede manifestarse en pocos días. Cuando lo descubras, sentirás el deber de hablar con tu amigo o amiga. De la misma manera, sus padres u otros amigos puede que se den cuenta de que algo anda mal, y también podrán hablar con él o ella. Otra forma de reconocer el problema es que el propio afectado reflexione con sinceridad sobre su adicción.

HABLAR DEL CAMBIO SIN RUEGOS

La Hazelden Betty Ford Foundation ofrece pautas de cómo hablar con alguien que toma drogas. La forma de acercarse al consumidor es la misma para amigos, padres u otras figuras de autoridad, pero la conversación será distinta según sea la relación entre los involucrados.

Lo más importante es que te dirijas a tu amigo o amiga cuando esté sobrio. Será más difícil mantener una conversación en la que hablen por turnos si está drogado. Hay veces, sin embargo, en que no resulta fácil saber si alguien está drogado o no, pero si has notado un patrón de consumo abusivo, serás capaz de sacar partido a tu conocimiento para suponer en qué momento sería mejor hablarle.

Elige una hora conveniente y un sitio tranquilo que les proporcione el tipo de espacio que necesitarán para concentrarse. No le hables en público, ya que puede avergonzarle o distraerle. Y, por último, asegúrate de que los dos tienen el tiempo suficiente para exponerle tus preocupaciones.

Cuando por fin inicien la conversación, no le critiques. Explícale que la adicción es una enfermedad, no un defecto que quieras colgarle. No le eches la culpa. No supliques. Una de las mejores formas de mantener este tipo de conversación es ser muy claro. Utiliza frases que se refieran a ti, que describan lo que sientes. Di cosas como: «Estoy preocupado por…» o «Siento mucho que…». Un buen amigo no será capaz de refutar tus sentimientos, sobre todo si te ve angustiado. Señala también cómo el consumo de drogas afecta a todo lo que le importa: familia, estudios, deportes y cualquier cosa que tenga relevancia en su vida.

SEGUIMIENTO DEL CONSUMO

Quienes consumen drogas con regularidad no son conscientes de su problema. Cuando el tema se menciona, mienten o niegan la frecuencia del consumo, ya que o bien les amedrenta o les avergüenza, o son incapaces de ver que la sustancia controla sus vidas. Con independencia de que tu amigo o amiga reconozca o no su problema, pídele que haga un seguimiento de su consumo. Dile que tú no tienes por qué verlo, que es solo para él. Si anota los días y las horas en los que consume durante el transcurso de un mes, verá por sí mismo lo a menudo que recurre a sustancias tóxicas.

Aunque reconozca su problema con las drogas, este registro es conveniente para determinar si el consumo sigue un patrón. ¿Con qué frecuencia se droga y cuánto le duran los efectos (*high*)? ¿Qué cantidad toma? ¿Consume cuando está aburrido o estresado? ¿La toma solo en las fiestas? ¿O solo con ciertos amigos? También identificará situaciones

El abuso de las drogas tiene un impacto particularmente negativo en las relaciones. Hablar con un adicto acerca de su problema no siempre tiene una resolución favorable.

que motivan el consumo. Cuando descubra los patrones, le será más fácil cambiarlos o prepararse para evitar las situaciones desencadenantes.

El seguimiento del consumo requiere sinceridad con uno mismo. Cada vez que tome drogas debe apuntarlo honradamente. De otro modo, el seguimiento se convierte en una forma de negación. Lo que es más importante, el toxicómano no recibirá ayuda efectiva hasta que reconozca su problema.

TRAZAR UN PLAN DE ACCIÓN

Una vez que tu amigo o amiga esté preparado para recibir

DESCUBRIR LA ADICCIÓN

Según Project Know, estas preguntas te ayudarán a saber si tu amigo o amiga tiene un problema con las drogas. En el caso de que conteste que sí a todas, casi seguro que lo tiene.

¿Has ido en auto con un conductor borracho o drogado? ¿Has conducido borracho o drogado?

¿Tomas drogas para relajarte o para encajar con tus amigos?

¿Tomas drogas cuando estás solo?

¿Pierdes el conocimiento después de beber o tomar drogas?

¿Tus familiares o amigos te han dicho alguna vez que tienes un problema?

¿Te has metido en líos a causa de las drogas o del alcohol?

ayuda, trazar un plan de acción será el inicio de la recuperación. Conviene que decidan unos objetivos claros y realizables. Mientras trabajan para conseguirlos, si le escuchas cuando quiera hablar, le ofrecerás gran apoyo emocional, porque no tendrá que afrontar su problema solo.

CONSEGUIR OBJETIVOS

Los expertos coinciden en que establecer objetivos es clave

para liberarse de una adicción. Dejarlo de golpe, o «ir a por todas», es un objetivo duro e incluso desaconsejable para ciertos tóxicos, como los opiáceos. Al principio, los objetivos no tienen por qué ser importantes ni requerir gran esfuerzo. Ayuda a tu amigo o amiga a decidir uno que esté a su alcance. Un buen primer paso sería establecer algo como «durante el día de hoy no voy a fumar hierba». Apunta el aumento de tiempo entre tomas, que se incrementará de un día a dos o a tres.

Para un toxicómano es difícil resistirse a la tentación porque su problema suele ser multifacético; dicho de otro modo: está por lo general relacionado con múltiples drogas. Como los adictos recuerdan y ansían esa sensación que sienten al tomarlas, hay muchas situaciones que resultan peligrosas durante el proceso de rehabilitación. Puedes ofrecerle apoyo haciendo una promesa de sobriedad. Permanezcan sobrios de todas las formas posibles. No vayan a fiestas, conciertos ni cualquier otro lugar donde se consuman drogas y puedan sentir la tentación de tomarlas, y busquen pasatiempos o actividades en común que no tengan relación con sustancias tóxicas.

Los objetivos no tienen por qué limitarse a las drogas. Para tu amigo o amiga será beneficioso reparar los daños que su adicción haya causado en su vida social. Esto incluye ponerse en contacto con viejas amistades o dedicarse otra vez a las aficiones abandonadas. Tener a su lado un amigo durante este proceso le facilitará mucho las cosas.

CONSECUENCIAS FISIOLÓGICAS Y SOCIALES

El consumo de tóxicos a largo plazo suele originar efectos duraderos. El consumo abusivo deteriora o destruye el funcionamiento del cerebro. Los consumidores de LSD u otros alucinógenos pueden tener *flashbacks* años después de haberlos tomado. Los investigadores estudian la relación entre el consumo abusivo y las enfermedades mentales para determinar si los alucinógenos provocan esquizofrenia. De lo que sí están seguros es de que algunas drogas causan ciertas formas de deterioro mental permanente, como dificultad para procesar información, pérdida de memoria a corto y largo plazo, y desorientación espacial.

Además de causar estragos en el cerebro y el sistema nervioso central, el consumo perjudica el funcionamiento de los pulmones, de los riñones y del hígado. La marihuana aumenta las posibilidades de esterilidad. La metanfetamina provoca llagas en la piel y pérdida de cabello y dientes. Los adolescentes sufren además mayor riesgo de muerte accidental, homicidio y suicidio.

El uso de tóxicos también destruye las relaciones sociales y la vida social. Los toxicómanos o drogadictos dejan de encontrar placenteros sus pasatiempos favoritos y de salir con los amigos que no toman drogas. A menudo,

(continúa en la página siguiente)

(continuación de la página anterior)

salen con otros consumidores o incluso con traficantes. Se apartan de sus familias, sobre todo para ocultar el problema subyacente a su adicción. Peor aún, cometen delitos para pagar sus hábitos. Ciertos estudios han descubierto que los adolescentes toxicómanos tienen más posibilidades de cometer actos criminales o violentos que los que no lo son.

Como el adolescente drogado es más propenso a practicar sexo sin protección, entre los adolescentes toxicómanos hay más casos de contagio de ETS y del VIH.

El abuso de las drogas puede aislar y causar el retraimiento del usuario. A veces el usuario elige cortar los vínculos con sus amigos, otras veces, sus amigos abandonan la relación.

ESTAR DISPONIBLE PARA ESCUCHAR

Todo empezará a cambiar en la vida del afectado cuando él o ella y quienes le rodean sean conscientes por primera vez del problema. Entonces, cada miembro de su familia reaccionará de forma distinta. Los padres tienden a negar los conflictos e intentan proteger a sus hijos de las consecuencias de sus actos. A veces tratan de resolver la situación dándoles aún más libertad con la esperanza de que ellos lo interpreten como un acto de amor y confianza; en el polo opuesto, imponen reglas aún más estrictas y mayores castigos. En lugar de caer en estos extremos, los padres deben establecer límites claros y enseñar a sus hijos a ser más responsables, a fin de que ellos mismos puedan hacer frente a su problema con las drogas. De cualquier forma, sean cuales sean las reacciones, el reconocimiento inicial del problema conlleva una fuerte tensión emocional que pone a prueba las relaciones familiares.

Sin embargo, según la Hazelden Betty Ford Foundation, los familiares de los toxicómanos no son las personas más adecuadas para intervenir. Este lugar lo ocupan los amigos, que son, por lo tanto, quienes más pueden ayudarles a salir de su adicción. Tu amigo o amiga dependerá de ti durante la mayor parte de su proceso de recuperación. Tú serás quien saque a relucir su problema con las drogas y quien estará disponible durante el tratamiento. Tu amigo o amiga querrá desahogarse, quejarse, quizá incluso gritar o llorar. Necesitará un oyente que no emita juicios para hablar de sus frustraciones. Además, agradecerá que llames de vez

Un grupo de amigos es una estupenda alternativa para no recaer en la tentación. Ayudar a un amigo a seguir una dirección positiva hace una enorme diferencia.

en cuando por teléfono para interesarte por su salud, y encontrará consuelo al saber que estarás a su lado si te necesita.

Pero sé consciente de tus limitaciones. El apoyo moral pasa factura, y quizá caigas en la cuenta de que no conoces la respuesta adecuada para los sentimientos y los actos tuyos o de tu amigo o amiga, o de que no siempre puedes estar disponible cuando te necesita. Entonces es conveniente que le sugieras que busque a alguien más cualificado para resolver una situación concreta, ya que, de este modo, acabará obteniendo mejores resultados. Además, te vendrá bien saber que cuentas con otras personas cuando la situación te desborda.

CAPÍTULO 4

ACUDIR A LOS PROFESIONALES

Los equipos profesionales de médicos, terapeutas y trabajadores sociales tienen experiencia en tratar a personas con problemas de drogas. Ellos juegan un papel fundamental en la rehabilitación. Por desgracia, no puedes obligar a un toxicómano a que se ponga en sus manos. Eso debe decidirlo por su cuenta, a menos que uno de sus padres lo decida por él. Sin embargo, tú puedes animarle a que se ponga en contacto con ellos y también puedes contar el problema a sus padres. Aunque tú no debas guardarlo en secreto, a tu amigo le confortará saber que, para los profesionales, lo que ocurra durante su tratamiento será privado y confidencial.

A VECES NI LOS PADRES NI LOS AMIGOS BASTAN

Responda o no el afectado a la ayuda que le ofreces, y siga o no tomando drogas, es necesario que los profesionales intervengan. Sin su colaboración, es difícil motivar a alguien para que se mantenga alejado de las drogas o para impedirle que

Combatir una adicción lleva tiempo. El planteo de objetivos ayuda a quienes luchan por no resignarse a volver a los viejos hábitos.

las compre. El abuso de sustancias puede tardar semanas, meses, incluso años en desaparecer, lo que resulta agotador tanto para el toxicómano como para su sistema de apoyo. Ampliar este sistema es clave. A diferencia de los profesionales, ni los padres bienintencionados ni los amigos están preparados para luchar contra una adicción.

Cuando busques ayuda, ten cuidado de no traicionar la confianza de tu amigo o amiga. La rehabilitación es algo privado y delicado, así que no le cuentes a nadie su problema, porque darías lugar a rumores entre sus colegas que acabarían por herirle o avergonzarle. Sin embargo, sí debes contárselo a sus padres o tutores, sean cuales sean las objeciones del afectado. Su familia tiene derecho a saber lo que pasa y es la responsable última de encontrar las vías apropiadas para apoyarle y tratarle. Tú aumentarás sus posibilidades de éxito con el simple hecho de crear un entorno social que tenga el propósito de facilitarle el proceso de recuperación.

¿QUIÉN NOS PUEDE AYUDAR?

Los profesionales cualificados para tratar el abuso de sustancias suelen encontrarse en los lugares donde muchas personas acuden típicamente a buscar ayuda. Ya que la adicción a las drogas es una enfermedad, los médicos y los psicólogos son capaces de reconocerla y de tratarla. Como el abuso de sustancias y la adicción afectan a la comunidad escolar, algunos trabajadores sociales del entorno académico saben también qué hacer. Y, como el consumo de drogas puede considerarse un problema espiritual, los consejeros religiosos suelen estar disponibles para ayudar en el proceso de rehabilitación.

MÉDICOS, PSICÓLOGOS Y TRABAJADORES SOCIALES

Los médicos identifican los distintos grados de abuso de sustancias en los pacientes y ofrecen opciones o estrategias de tratamiento. En ciertos casos, recetan medicamentos para mitigar los síntomas de la abstinencia y facilitar el abandono de las drogas.

Algunos psicólogos o terapeutas están especializados en toxicomanías. Hay muchas terapias distintas destinadas a combatir el abuso de sustancias. Una es la terapia cognitivo-conductual (TCC), durante la cual el terapeuta ayuda a los pacientes a darse cuenta de que los actos, pensamientos y emociones dañinos no son lógicos ni racionales. Mediante sesiones de terapia, los pacientes aprenden a controlar esas emociones y a desarrollar herramientas de autoayuda, en vez de recurrir a sustancias tóxicas para sentirse mejor.

Los trabajadores sociales se involucran y prestan ayuda como orientadores en hospitales, centros escolares, refugios y comunidades. Están familiarizados con recursos como centros de rehabilitación, hospitalarios o de orientación disponibles en la comunidad. También colaboran con las familias del adolescente toxicómano. Ayudan a pedir citas, transportan a la gente a esas citas o a las sesiones de terapia, y monitorizan la salud general y el progreso de los afectados.

RELIGIOSOS

El 75% de los estadounidenses se considera religioso o espiritual, así que es frecuente que los toxicómanos recurran a los sacerdotes o pastores de su iglesia. Si tu amigo o amiga es creyente, una terapia basada en la fe le resultará adecuada. Al contar con un ministro de su iglesia o un consejero de un programa terapéutico basado en la fe, abordar las luchas espirituales que debe afrontar para combatir su toxicomanía le resultará más fácil. Los consejeros que se basan en la fe creen que los toxicómanos sienten un vacío interior que tratan de llenar con drogas, por lo que incitan al usuario a acercarse a Dios o a su propia espiritualidad con la esperanza de llenar ese vacío y de acabar con la necesidad de consumir drogas o con el comportamiento adictivo.

ALCOHÓLICOS ANÓNIMOS

Esta es una organización que se apoya en la fortaleza, la esperanza y la espiritualidad. No depende de nadie y se sirve de un programa de doce pasos para librar a sus miembros del alcoholismo. Los doce pasos se basan en los siguientes principios clave: el reconocimiento por parte del afectado de que no tiene poder sobre el alcohol y de que su vida se ha vuelto ingobernable; la creencia en un poder superior, o Dios, que le devolverá la cordura y le cuidará; la elaboración de un inventario moral de sí mismo; la admisión de debilidades y defectos; y la reparación de los perjuicios causados a terceros. La mayoría de los miembros disponen de un padrino, una persona que les ayuda a dar los pasos requeridos.

Desde la década de 1930, Alcohólicos Anónimos se ha servido de la oración en su programa, centrado en la espiritualidad, para desarrollar y profundizar la conexión de los miembros con la fe y con Dios, o un poder superior. Si el alcohólico tiene una religión o un sistema espiritual de creencias, AA le proporcionará un tratamiento efectivo. Si no lo tiene, AA puede no ser la elección de tratamiento más adecuada.

Hoy en día, AA está presente en 175 países, y se calcula que más de dos millones de personas acuden a la organización para combatir su adicción al alcohol.

¿DE QUÉ VA LA TERAPIA?

Es necesario que el toxicómano y sus familiares busquen orientación o terapia. La terapia se realiza de muchas formas, pero normalmente los terapeutas ayudan a encontrar soluciones para resolver problemas, superar los pensamientos negativos, fortalecer el ánimo y encontrar herramientas para vivir sin drogas. El tratamiento incluye sesiones individuales, de grupo y/o seguimiento en centros residenciales. El plan de tratamiento a seguir se deja en manos de un equipo de profesionales, el toxicómano y la familia de este.

SESIONES INDIVIDUALES

Las sesiones de terapia individual, como su nombre indica, son privadas. Tu amigo o amiga visitará a un terapeuta una o dos veces por semana o una vez al mes. La sesión habitual dura de cuarenta y cinco a sesenta minutos.

Para buscar un terapeuta cualificado, miren por internet o pregunten a un médico. Si alguno de tus otros amigos ha tenido un problema de drogas, a lo mejor te puede recomendar un terapeuta. Tu amigo debe encontrar a alguien con quien le resulte fácil hablar, pero debe tener en cuenta que un terapeuta no es un amigo, sino un profesional que le hará preguntas, le retará, le apoyará y le motivará.

El terapeuta aplicará la terapia cognitivo-conductual, el psicoanálisis o la terapia motivacional. Las teorías subyacentes a estos enfoques incluyen resolver el comportamiento perjudicial o negativo, averiguar los motivos que incitan al consumo, establecer objetivos para dejarlo y encontrar modos de lidiar con el estrés y el consumo en sí. Aunque el fin de la terapia es ayudar al afectado, el proceso requiere sinceridad, reflexión y responsabilidad por parte de aquel, lo cual supone todo un desafío emocional.

SESIONES EN GRUPO

Por regla general, en la terapia de grupo participa un terapeuta y un grupo de personas que se enfrenta a problemas similares. Al igual que en las sesiones individuales, los participantes están obligados a mantener la confidencialidad. Los miembros escuchan los esfuerzos de cada uno sin emitir juicios. A menudo, se ayudan entre sí a establecer objetivos realizables

Un grupo de mujeres habla en una reunión de AA. Cada año, los grupos de apoyo ayudan a millones de personas a mantenerse sobrias.

mientras combaten el abuso de sustancias, lo que incluye la adicción. En estas sesiones, los progresos de los miembros más avanzados sirven de ejemplo a los principiantes.

La terapia de grupo puede parecer poco apetecible, porque a todos nos cuesta compartir nuestros secretos, miedos y debilidades con extraños. Sin embargo, después de probarla, mucha gente considera que el grupo es un apoyo más. Sienten que han encontrado unos amigos íntimos, ya que todos están inmersos en la misma lucha. La terapia de grupo es una de las opciones de tratamiento habituales, y suele formar parte de los planes de tratamiento con mayor éxito.

Las sesiones de grupo tienen además otros beneficios, como ser más económicas que las individuales. Se llevan a cabo semanal, bisemanal o mensualmente. Si una persona se recupera por completo, no necesita seguir participando en ellas, pero, si no es así, puede asistir de nuevo cuando lo precise.

La terapia de grupo se sirve de muchos métodos para ayudar a los afectados por el abuso de drogas o la adicción, es decir, a menudo consiste en más que una simple charla. Si tu amigo o amiga comienza un programa de esta terapia, participará también en clases de terapia artística, yoga, meditación, orientación vital y desarrollo de habilidades vitales.

TERAPIA RESIDENCIAL/HOSPITALARIA

La terapia hospitalaria, o residencial, es conveniente si tu amigo o amiga lucha contra una adicción grave. En los cen-

El Elks Rehab Hospital está en Boise, Idaho. Los hospitales y centros de rehabilitación, como este, son el modo más intensivo de combatir una drogadicción.

tros hospitalarios, recomendados para quien tiene un historial de dependencia, el paciente recibe el tratamiento mientras está ingresado. La mayoría de estos centros dispone de planes de treinta, sesenta o noventa días. La estancia es dura para gran parte de los pacientes, porque están aislados del resto del mundo. Es probable que se sientan solos e incluso traicionados. Para apoyar a tu amigo o amiga, tendrás que esperar a que vuelva a casa; cuando llegue el momento, estate preparado para prestarle ayuda sin emitir juicios.

CAPÍTULO 5

AYUDAR A TU AMIGO O AMIGA A MANTENERSE LIMPIO

Aunque tu amigo o amiga haya reconocido su problema con las drogas y haya buscado ayuda para combatirlo, la lucha no ha acabado. Mantenerse limpio es duro. El estrés, la tristeza, la ansiedad o la depresión son disparadores que pueden incitar a una recaída, es decir, a una vuelta al consumo de drogas.

Para que esto no ocurra, los terapeutas recomiendan cambios importantes en el estilo de vida y enseñan cómo manejar el estrés, cómo evitar a las personas o los lugares relacionados con las drogas y cómo llevar un estilo de vida libre de tóxicos.

MANEJAR EL ESTRÉS

El estrés puede impulsar a un toxicómano en proceso de rehabilitación a buscar un desahogo con las drogas. Lo ideal es evitar el estrés, pero, cuando no es posible, hay formas de enfrentarse a él para no tener una recaída.

EVITAR EL ESTRÉS

Lo mejor para un adicto en recuperación es eliminar las causas del estrés, ya que así no tendrá motivo para retomar sus

Emprender grandes cambios en el estilo de vida les ofrece una nueva perspectiva a quienes están afectados por la presión de otros para que vuelva a tomar drogas.

viejos hábitos. Entre estas causas se encuentran la presión de otros para que vuelva a tomar drogas, o el sentimiento de culpa o humillación que les provoca lo que algunas personas piensen de ellos. Por eso es fundamental, y todo un desafío, el intento de recuperar viejos amigos o de hacer amistades nuevas. Una de las formas de prevenir el estrés es conseguir que tu amigo o amiga se dé cuenta de lo bien que se adapta a nuevos círculos sociales. Tú le puedes ayudar diciéndole lo bien que se lleva con los nuevos conocidos o, si no es el caso, proponiéndole que lo deje estar y que busque consejo profesional antes de que el tema vaya a más. Si su evolución académica se ha visto afectada por el consumo de drogas, cuéntale que dispone de clases suplementarias para ponerse al día. Resolver estos asuntos, y cualquier otro que le preocupe, le ayudará a librarse del estrés.

MODOS SALUDABLES DE ENFRENTARSE AL ESTRÉS

Si tu amigo o amiga no puede evitar el estrés, ayúdale a encontrar los medios adecuados para lidiar con él. Hablar de lo que estresa es un buen modo de empezar a mitigarlo. Además, quizá tú hayas pasado por lo que vive ahora y conozcas alguna manera de resolverlo. O quizá, para sentirse menos solo, quiera que entiendas por lo que está pasando o el porqué de algo que le ha ocurrido. Si sus problemas representan una carga demasiado pesada para ti, o te parece que no debes guardarlos en secreto, cuéntaselo a un adulto que pueda comprenderles y ayudarles.

Cuidar de la salud es un gran modo de estar preparado para enfrentarse al estrés. Hay que empezar por una dieta equilibrada. Lo que comemos influye en nuestro estado de ánimo. Muchos terapeutas recomiendan practicar ejercicio físico, pues reduce el estrés, la energía negativa y la ansiedad. Además, hace que el cuerpo y la mente se sientan bien, ya que libera endorfinas, sustancias químicas que circulan por el sistema nervioso y provocan bienestar.

Hacer un paro en las actividades regularmente ayuda al adicto en recuperación a encontrar el alivio que tanto necesita en su estresante tarea. En particular, la conexión con la naturaleza es un gran apoyo para quien se siente abrumado por su vida. Estar rodeado de la belleza natural de los árboles de un parque proporciona sensación de libertad y el aire fresco tiene un efecto calmante. Sentirse productivo aunque no se trabaje también ayuda. La limpieza de casa es una actividad que proporciona tiempo para pensar o con-

RECURRIR A LOS ANIMALES

Es probable que hayas visto utilizar perros como animales terapéuticos para afectados por estrés postraumático o perros que visitan hospitales. Ahora, los terapeutas aprovechan el vínculo entre niños, bienestar y mascotas. La terapia con animales hace que la gente se sienta mejor. Se ha descubierto que el simple hecho de acariciarlos disminuye los niveles de estrés. La mayoría de la gente se siente más tranquila, más relajada y más feliz en su compañía. Los terapeutas piensan que los animales, sobre todo perros y gatos, ayudan a los humanos a librarse de emociones negativas y de tensiones.

Una mascota podría ayudar a tu amigo o amiga a superar el estrés y las emociones negativas provocados por el proceso de desintoxicación. El tiempo que pase acariciando a un gato o sacando a pasear a un perro le hará sentirse mejor. El ejercicio que se practica sacando a pasear a un perro es también una forma saludable de aliviar el estrés. Además, la mascota puede convertirse en un gran oyente. Tu amigo o amiga podrá decirle todo lo que quiera, dado que ella no se lo contará a nadie ni se burlará jamás.

sume las energías y ocupa la mente en algo que no es motivo de estrés. Además, un entorno limpio y ordenado permite concentrarse más en lo que se hace. Por último, los respiros sociales ayudan a relajarse, siempre que sean moderados e involucren a poca gente.

EVITAR SITUACIONES DONDE PUEDA HABER DROGAS

Eliminar las drogas de la ecuación. El toxicómano sabe dónde encontrar drogas, ya sea en una fiesta de amigos, la casa de alguien o incluso el centro escolar. Que tú también conozcas esos sitios te ayudará a que tu amigo o amiga los evite.

El toxicómano no solo debe evitar ciertos lugares, sino a ciertas personas. Muchos dan de lado a los viejos amigos que no consumen drogas y empiezan a salir con otros consumidores o incluso con traficantes. Así consiguen colocarse con facilidad y rapidez, y sin pasar vergüenza. Si tu amigo o amiga continúa saliendo con ellos, no podrá evitar la tentación de consumir drogas de nuevo.

Siguiendo en la misma línea, una de las claves de la rehabilitación es continuar trabajando en el objetivo de salir con personas que no consuman drogas. Las nuevas aficiones y clubes que tenía tu amigo o amiga y que puede recuperar tendrán la función de combatir el estrés y de evitar situaciones desencadenantes del consumo, no simplemente la de ofrecer una alternativa al uso de drogas. Al alcanzar este objetivo, tu amigo o amiga recuperará su antigua vida.

UN FUTURO MEJOR

En cuanto una persona empieza a tomar drogas, se adentra en un terreno peligroso. Tu cometido es hacerle ver su comportamiento, ayudarla a reconocer que tiene un problema y, después, apoyarla mientras se desintoxica.

Igual de agotador que recuperarse de una adicción es

Las actividades escolares, como el club de robótica, les ofrecen a los adolescentes una alternativa saludable. Las habilidades que adquieran les servirán para toda su vida.

dar el apoyo que alguien necesita. Durante el período de crisis de un amigo o amiga que intenta mejorar su salud, es necesario que tú no descuides la tuya ni desatiendas las cosas que te importan. Los cambios en tus calificaciones escolares o en tus relaciones sociales indicarán que careces del tiempo necesario para ocuparte de tus propias responsabilidades, o que tienes problemas para procesar tus sentimientos sobre lo que pasa. Tú tienes tu propia vida, y tu amigo o amiga debe ser consciente de que también tú tienes necesidades. Es responsabilidad tuya imponer límites claros. Establece reglas de comportamiento, lo que es aceptable y lo que no, y dile lo que necesitas para seguir con tu vida mientras continúas prestándole apoyo. Conocer los recursos que tiene a su alcance para recuperarse es asunto suyo; el tuyo es decirle lo que precisas para mantener tu bienestar.

GLOSARIO

ABUSO DE SUSTANCIA Mal uso o uso ilegal de cualquier tóxico o consumo excesivo de una droga legal.

ADICCIÓN Trastorno del comportamiento en que el afectado actúa de forma obsesiva para conseguir la sustancia tóxica.

AGRESIÓN Ataque violento contra una persona.

ALUCINACIONES Visiones de cosas o personas que no están presentes.

CONVULSIONES Sacudidas corporales involuntarias.

COORDINACIÓN Capacidad de controlar y de mover el propio cuerpo; habilidad muscular y motora.

DEPENDENCIA Necesidad fisiológica de una droga para desenvolverse y prevenir el síndrome de abstinencia.

DEPRESIÓN Enfermedad en que, además de sentir tristeza, se sufre pérdida de interés y de energía.

ESTIMULANTE Droga o sustancia química que estimula las funciones corporales y los procesos del sistema nervioso central.

ETS Enfermedades de transmisión sexual, como la gonorrea, la sífilis, la clamidia y el herpes.

EUFORIA Sensación de alegría desaforada.

FLASHBACK Recuerdo súbito de una experiencia o un acontecimiento del pasado.

FORTALECER Dar a alguien las herramientas necesarias para que se sienta más fuerte y controle mejor una situación.

HOMICIDIO Causar la muerte a alguien.

ILEGAL Prohibido por la ley.

MEJORADORES DEL RENDIMIENTO Fármacos, como los esteroides, que aumentan el rendimiento físico.

NEUROTRANSMISORES Sustancias corporales que transmiten los impulsos nerviosos.

PSICOANÁLISIS Terapia que se centra en que el paciente hable de sus sueños, su pasado y sus sentimientos.

PSICOSIS Nombre genérico de las enfermedades mentales.

SINAPSIS Lugares de contacto entre neuronas por los que se transmiten señales eléctricas.

SINTÉTICO Artificial, hecho por el hombre mediante la combinación de productos químicos.

THDA Trastorno de hiperactividad con déficit de atención.

VIH Virus de inmunodeficiencia humana; puede causar el SIDA.

PARA MÁS INFORMACIÓN

Al-Anon Family Group Headquarters (Canada) Inc.
  275 Slater Street, Suite 900
  Ottawa ON K1P 5H9
  Canadá
  (613) 723-8484
  Sitio web: http://al-anon.org/for-alateen
  Al-Anon Canada es una gran organización especializada en ayudar a personas adictas al alcohol.
Alateen/Al-Anon Family Group Headquarters, Inc.
  1600 Corporate Landing Parkway
  Virginia Beach, VA 23454-5617
  (757) 563-1600
  Sitio web: http://al-anon.org/alateen-for-teens
  Alateen es una gran organización que ayuda a los adolescentes que combaten su adicción al alcohol.
Drug Free America
  Drug Free America Foundation, Inc.
  5999 Central Avenue, Suite 301
  Saint Petersburg, FL 33710
  (727) 828-0211
  Sitio web: http://dfaf.org/
  Drug Free America comparte información sobre la política de estupefacientes y la prevención en Estados Unidos.
Foundation for a Drug-Free World
  1626 N. Wilcox Avenue, Suite 1297
  Los Angeles, CA 90028
  (888) 668-6378
  Sitio web: http://www.drugfreeworld.org/#/interactive
  Esta organización mundial sin ánimo de lucro informa a los estudiantes y a los padres sobre las drogas.

Office of Adolescent Health
  1101 Wootton Parkway, Suite 700
  Rockville, MD 2085
  Sitio web: http://www.hhs.gov/ash/oah/adolescent-health-topics/
  substance-abuse/home.html
  Esta oficina coordina los programas de salud del Departamento de Salud y Recursos Humanos Proporciona información detallada de todos los aspectos de la salud en la adolescencia.
Partnership for a Drug-Free Canada
  PO Box 23013
  Toronto, ON M5N 38A
  Canada
  (416) 479-6972
  Sitio web: http://www.canadadrugfree.org/get-help/get-help-resources/
  Organización benéfica canadiense que proporciona información a los padres que luchan contra un problema de adicción de sus hijos adolescentes.
Smart Recovery
  7304 Mentor Avenue
  Suite F
  Mentor, OH 44060
  (866) 951-5357
  Sitio web: http://www.smartrecovery.org/teens/
  Programa de entrenamiento y autogestión para adolescentes. Ofrece un tablón de mensajes en línea y otras herramientas para rehabilitarse.
Students Against Destructive Decisions (SADD)
  255 Main Street
  Marlborough, MA 01752
  (877) SADD-INC

Sitio web: http://www.sadd.org/who-we-are
SADD es una gran organización que prepara a los estudiantes para luchar contra la conducción bajo los efectos del alcohol y los trastornos provocados por las adicciones.

SITIOS WEB

Debido a la naturaleza cambiante de los *links* de internet, Rosen Publishing ha desarrollado una lista en línea de sitios web relacionados con el tema de este libro. Este sitio se actualiza regularmente. Utiliza el siguiente *link* para acceder a la lista:

http://www.rosenlinks.com/HCIH/drug

PARA LEER MÁS

Conti, Nicolette, and Paula Johanson. *The Truth About Amphetamines and Stimulants*. New York, NY: Rosen Publishing, 2011.

Edelfield, Bruce, and Tracy Moosa. *Drug Abuse*. New York, NY: Rosen, 2011.

Friedman, Lauri. *Drug Abuse*. Detroit, MI: Greenhaven Press, 2012.

Friedman, Lauri. *Student Drug Testing*. Detroit, MI: Greenhaven Press, 2011.

Haugen, David. *Athletes and Drug Abuse*. Detroit, MI: Greenhaven Press, 2012.

Kimlan, Lanie, and Anne Alvergue. *The Truth About Ecstasy*. New York, NY: Rosen, 2011.

Latta, Sara. *Investigate: Steroids and Performance Drugs*. New York, NY: Enslow, 2014.

Marcovitz, Hal. *Diet Drugs*. Detroit, MI: Thomson Gale, 2007.

Menhard, Francha Roffé. Drugs: The Facts About Inhalants. Tarrytown, NY: Benchmark Books, 2005.

Merino, Noel. *Drug Legalization*. Detroit, MI: Greenhaven Press, 2015.

Merino, Noel. *Marijuana*. Detroit, MI: Greenhaven Press, 2011.

Muñoz, Mercedes, editor. What Causes Addiction? Detroit, MI: Greenhaven Press, 2005.

Naff, Clay Farris. *Nicotine and Tobacco*. San Diego, CA: Reference Point Press, 2007.

Rebman, Renee C. *Addictions and Risky Behaviors: Cutting, Bingeing, Snorting, and Other Dangers*. Berkeley Heights, NJ: Enslow, 2006.

Reynolds, Basia, and Jeremy Roberts. *The Truth About Prescription Drugs*. New York, NY: Rosen, 2011.

Roza, Greg. *The Encyclopedia of Drugs and Alcohol*. New York, NY: Franklin Watts, 2001.

Rubin, Julia. "How Heroin Is Invading America's Schools." Teen Vogue, September 10, 2013 (http://www.teenvogue.com/story/teen-heroin).

Stanmyre, Jackie. *Oxycodone*. New York, NY: Cavendish Square, 2015.

Waters, Rosa. *Over-the-Counter Medications*. Broomall, PA: Mason Crest, 2014.

Waters, Rosa. *Prescription Painkillers: OxyContin, Percocet, Vicodin & Other Addictive Analgesics*. Broomall, PA: Mason Crest, 2014.

BIBLIOGRAFÍA

Addiction Center. "Teenage Drug Abuse and Addiction." December 18, 2015 (https://www.addictioncenter.com/teenage-drug-abuse/).

Barter, James. *Hallucinogens*. San Diego, CA: Lucent Books, 2002.

Brown, Sarah Lennard. *Cocaine*. Chicago, IL: Raintree, 2005.

Brand, Russell. "My Life Without Drugs," *The Guardian*, March 9, 2013 (http://www.theguardian.com/culture/2013/mar/09/russell-brand-life-without-drugs).

Hazelden Betty Ford Foundation. "What Can I Say To Get You To Stop?" May 16, 2015 (http://www.hazeldenbettyford.org/articles/what-can-i-say-to-get-you-to-stop).

Himelstein, Rima. "Teen Heroin Use: An Unfortunate Reality." *The Inquirer Daily News*, September 10, 2013 (http://www.philly.com/philly/blogs/healthy_kids/Teen-heroin-use-an-unfortunate-reality.html).

Hyde, Margaret O., and John F. Setaro. *An Overview For Teens: Drugs 101*. Brookfield, CT: Twenty-First Century Books, 2003.

Just Think Twice. "Get Drug Info For." (https://www.justthinktwice.com).

Landau, Elaine. *Meth: America's Drug Epidemic*. Minneapolis, MN: Lerner Publishing, 2008.

Menhard, Francha Roffé. *Drugs: The Facts About Inhalants*. Tarrytown, NY: Benchmark Books, 2005.

Mix, The. "Staying Off Drugs." September 29, 2015 (http://www.thesite.org/drink-and-drugs/addiction/staying-off-drugs-9722.html).

National Institute on Drug Abuse. "Drug Facts: High School and Youth Trends." December 2014 (https://www.drugabuse.gov/publications/drugfacts/high-school-youth-trends).

NIDA For Teens. "Real Teens Ask: How Many Teens Use Drugs?" June 19, 2013 (http://teens.drugabuse.gov/blog/post/real-teens-ask-how-many-teens-use-drugs).

Project Know. "Teen Drug Addiction." 2016 (http://www.projectknow.com/research/teen-drug-addiction/).

Recovery.org. "Find a Top Spiritual and Faith-Based Rehab Center." 2016 (http://www.recovery.org/topics/find-a-top-spiritual-and-faith-based-rehab-center/).

ÍNDICE

SOBRE LA AUTORA

Precious McKenzie vive en Montana y es profesora de Lengua en el Rocky Mountain College. Lleva en la enseñanza más de quince años. Para evadirse y divertirse le gusta montar a caballo, leer y viajar.

PHOTO CREDITS: